Die
historische und die kritische Methode
in der Rechtswissenschaft.

Die

historische und die kritische Methode

in der Rechtswissenschaft.

Rede,

an der Rektoratsfeier der Universität Basel
am 12. November 1909 gehalten

von

Dr. Karl Wieland.

Leipzig,
Verlag von Duncker & Humblot.
1910.

Alle Rechte vorbehalten.

Altenburg
Pierersche Hofbuchdruckerei
Stephan Geibel & Co.

Trotz der zunehmenden Zersplitterung, die das heutige wissenschaftliche Leben durchzieht und stets von neuem vormalige Teilgebiete zu autonomen Provinzen erhebt, scheint es doch, daß in den letzten Jahrzehnten gemeinsame Denkrichtungen und Ziele wiederum die Oberhand zu gewinnen suchen. Dem Drange nach Befreiung aus der erdrückenden Fülle des Stofflichen und Tatsächlichen entstammt zum guten Teil eine Bewegung, auf die Ihre Aufmerksamkeit in dieser Stunde hingelenkt sein möge, die Abkehr von dem einseitigen, auf Abwege geratenen Kultus der Geschichte und der vereinte Kampf gegen den Historismus, den entarteten Sprößling wahrer geschichtlicher Denkart. Der Glaubenssatz, daß nur die Vergangenheit das Verständnis der Gegenwart erschließe, wird nicht mehr ungeprüft hingenommen, wie ehedem. Die rege Tätigkeit, die auf dem Gebiete der historischen Detailforschung nach wie vor entfaltet wird, vermag über die Gleichgültigkeit und das Gefühl der Übersättigung, das in weiten Kreisen der Gebildeten eingekehrt ist, nicht hinwegzutäuschen. Insbesondere herrscht gegenwärtig in der Rechtswissenschaft, die vor kurzem noch und wie keine andere Disziplin neben ihr von historischer Betrachtungsweise wähnte sich leiten zu lassen, eine ausgesprochen antihistorische Richtung vor. Daß sie nicht auf Rechnung vorübergehender Tagesströmungen zu setzen ist, lehrt ein Rückblick auf die Geschichte unserer Wissenschaft.

Die historische Weltanschauung, die in der ersten Hälfte des vergangenen Jahrhunderts über den Rationalismus der Aufklärungsperiode den Sieg errungen, hat von der Rechtswissenschaft mächtige Antriebe empfangen. Friedrich Karl v. Savignys im Jahre 1814 erschienene Schrift „Über den Beruf unserer Zeit für Gesetzgebung und Rechtswissenschaft", womit die seitdem herrschende historische Rechtsschule ins Leben getreten ist, hat weit über die Grenzen der Fachwissenschaft hinaus Bedeutung erlangt. Sie hat, auf Herders Anregungen zurückgehend, den entwicklungsgeschichtlichen Gedanken zum ersten Male zu voller Entfaltung gebracht. Savignys Lehre von der zeitlichen Bedingtheit und Wandelbarkeit des Rechts schließt, wie Merkel dartut, bereits die konstitutiven Merkmale des später von der Naturwissenschaft mit so viel Erfolg verwerteten Entwicklungsbegriffs in sich, das Moment der Metamorphose, der Kontinuität und der Vererbung[1].

Mit Savigny und Eichhorn an der Spitze beginnt eine Periode fruchtbarer geschichtlicher Arbeit. Zu Anfang der vierziger Jahre etwa bleibt der historischen Schule der Sieg unbestritten [2]. Die Schöpfungen, die aus ihrer Blütezeit hervorgegangen sind, tragen noch den frischen Zug, der neuaufkeimenden Bewegungen eigen ist. Frei vom ängstlichen Spezialistentum der späteren Zeit setzen sie sich die Bewältigung umfassender Aufgaben zum Ziel und halten sie den Zusammenhang mit verwandten Wissensgebieten, insbesondere der Philosophie, aufrecht.

Doch hat bereits Savigny die Gefahren einer zu ausschließlichen Pflege der Geschichte nicht verkannt. Die wachsende Entfremdung zwischen Theorie und Praxis, deren Versöhnung er von der Verwirklichung seines Programms vor allem erhofft hatte, ist ihm nicht verborgen geblieben. Zu sehr Historiker, um von einseitiger Verfolgung bestimmter wissenschaftlicher Richtungen alles Heil zu erwarten, betont er in der Vorrede zu seinem Lebenswerke den selbst nur historisch bedingten Wert geschichtlicher Forschung. Sie erscheint ihm nur als die eine von verschiedenen Geistestätigkeiten, die lange Zeit vor anderen versäumt worden war, also vorübergehend mehr als andere einer eifrigen Vertretung bedurfte, um in ihr natürliches Recht wieder einzutreten [3].

Savigny vermochte jedoch die von ihm selbst entfachte Bewegung nicht aufzuhalten. Seine Nachfolger betreten mehr und mehr die Bahnen eines ausgeprägten Historismus, der die vorhistorischen Voraussetzungen fruchtbarer Verwertung der Geschichte nicht gelten läßt. Zwar nimmt die Dogmatik immer noch die führende Stellung ein. Der Geschichte fällt als einzige Aufgabe zu, die Erkenntnis des in Geltung stehenden Rechts vorzubereiten. Aber nur die Geschichte vermittelt das Verständnis der Gegenwart. „Es gibt", schreibt Franken im Jahre 1882, „heute keinen Juristen mehr, der für seine Wissenschaft irgend etwas von unhistorischer Forschung erwartet"[4]. Auf den Universitäten müssen die historischen Fächer den dogmatischen vorausgehen. Statt dem angehenden Rechtskundigen die Einführung in das seiner bisherigen Denk- und Erziehungsweise nach am Entferntesten liegende Lebensgebiet durch Anknüpfen an Bekanntes und Angeschautes zu erleichtern, nimmt der akademische Unterricht die Rechte fremder oder abgestorbener, ihm unverständlicher Kulturstufen zum Ausgangspunkt[5].

Gleichzeitig schließt sich die Dogmatik von jeder Berührung mit benachbarten Wissenszweigen ab, deren sie am allerwenigsten entraten kann. Zwischen Rechtswissenschaft und Volkswirtschaft, deren Gebiete sich zu einander verhalten, wie die bedingende Form zum bedingten Stoff und die zu gegenseitiger Befruchtung und Ergänzung aufs Engste auf einander angewiesen sind, wird eine undurchdringliche Scheidewand errichtet[6]. Ebenso ist die Behandlung rechtswissenschaftlicher Fragen von philosophischen Gesichtspunkten aus mißbeliebt[7]. Von den mächtigen Einwirkungen, die seit den sechziger Jahren des neunzehnten Jahrhunderts von der neubelebten kritischen Philosophie ausgegangen sind, ist die Rechtswissenschaft unberührt geblieben. So sind die frohen Hoffnungen, die in der Blütezeit des deutschen Idealismus an das Wiedererwachen historischer Gesinnung und Forschung geknüpft waren, nicht in Erfüllung gegangen. Die Rechtswissenschaft des ausgehenden neunzehnten Jahrhunderts zeigt nur allzusehr die Züge des im Übermaß von Geschichte altersgrau gewordenen Positivismus, dem es an der Fähigkeit lebendigen Anempfindens gebricht[8]; denn Namen wie „historische Methode", „geschichtliche Rechtswissenschaft" besagen mehr als bloß übermäßige Wertung historischer Studien. Auch wollen sie zu Beginn und gegen Ende des neunzehnten Jahrhunderts in verschiedenem Sinne verstanden sein. Die gesunden, nicht in starre Formen gepreßten Gedanken, die Savigny der Rechtswissenschaft auf den Weg gegeben hat, machen mehr und mehr einem geschlossenen Systeme Platz, das von ihnen nicht mehr viel erkennen läßt. Nur die Ausgangspunkte hat es mit ihnen gemein. Bereits die ältere historische Schule ist aus dem Kampfe gegen die naturrechtlichen Lehren des achtzehnten Jahrhunderts hervorgegangen. Die spätere „geschichtliche Rechtstheorie", wie sie sich nennt, erst zu Beginn der neunziger Jahre von Bergbohm[9] abschließend formuliert, verlegt den Kampfplatz auf das methodologische Gebiet, und indem sie die Irrtümer von den bleibenden, ewig gültigen Werten der naturrechtlichen Denkweise nicht zu trennen weiß, entfernt sie sich von wahrhaft historischer Sinnesart ebensoweit, wie vom naturrechtlichen Rationalismus.

Mit dem Namen „Naturrecht" verknüpft sich zunächst die Vorstellung eines unwandelbaren, für alle Zeiten und Völker gültigen Rechtsideals und einer obersten Richtschnur. Die Juristen der historischen Ära sprechen nicht nur dem Suchen nach absoluten Wertmaßstäben jede Berechtigung ab, sondern auch der vernunftgemäßen Begründung rechtlicher Bestimmungen als solcher. Im Zerstörungswerke der großen Revolution, so meinen sie, sind die destruktiven Wirkungen des subjektiven Geistes offenbar geworden. „Die Vernunft gleicht einem weißen Blatt, das jedem Menschen mitgegeben ist und von jedem mit den verschiedensten Sätzen beschrieben werden kann." Nur was auf dem Wege der Gesetzgebung oder Übung wirklich geworden ist, was sich von Tag zu Tag erproben muß, ist vernünftig. Das geschichtlich gewordene positive Recht trägt den Beweis seiner Existenzberechtigung in sich selbst. Jede Kritik, jeder Gedanke daran, was Recht sein könnte und Recht sein sollte, ist von der Rechtswissenschaft und Rechtsphilosophie abzulösen. Nach vernünftigen Zwecken darf nicht mehr gefragt werden. Mithin erschöpft sich die Aufgabe der Rechtswissenschaft in der Erforschung des tatsächlichen Befundes und der die Rechtsbildung bestimmenden Faktoren. Rechtliche Bestimmungen verstehen, bedeutet, sie genetisch erklären, d. h. aus ihren zufälligen Veranlassungsgründen ableiten[10]. An Stelle der Erkenntnis, die uns Savigny vermittelt hat, daß jede rechtliche Ordnung in innigem Zusammenhange mit der Gesamtkultur eines Volkes steht, somit nur aus ihrer sittlich-sozialen Umwelt zu begreifen ist, tritt ein trostloser und leerer Formalismus, der das Recht seines Lebensprinzips, des Zweckmoments, beraubt.

Die bloße Erkundung des Gewordenen steht jedoch in diametralem Widerspruch mit den eigensten praktischen Zielen der Rechtswissenschaft, die steter Neubildung in der täglich geübten Rechtsprechung die Wege zu weisen hat. Kein Gesetzgeber vermag sämtliche Komplikationen des Rechtslebens zu überschauen und auf jede Rechtsfrage, die künftig an den Richter herantritt, zum voraus die Antwort zu geben. Jede, auch die vollkommenste Rechtsordnung weist somit Lücken auf. Die naturrechtliche Denkweise gewinnt die Ausfüllung der Lücken vermittelst der Vorstellung eines zweckmäßigen und angemessenen, von Gesetzgebung und Übung unabhängigen Rechts. Nach der überlieferten und durch Montesquieus Lehre von der Gewaltentrennung gefestigten Auffassung [11] liegt jedoch dem Richter nur die Anwendung bereits fertiger, positiv gegebener Regeln ob. Das zunächst nur als eine Art Idealkodex für den Gesetzgeber gedachte Naturrecht muß somit, um für die Lückenausfüllung geeignet zu sein, formelle Positivität in Anspruch nehmen [12].

Auch die Vertreter der historischen Richtung haben sich vergeblich um die Überwindung dieses Widerspruchs gemüht. Ihnen erscheint als Recht nur, was durch einen geschichtlichen Werdegang, Gesetzeserlaß oder Gewohnheit, autoritative Regel geworden ist. Aber den Grundirrtum der naturrechtlichen Lehre, daß der Richter der Sklave des Gesetzgebers sei, daß er das Recht bereits fertig vorfindet, nicht schafft, haben auch sie übernommen; denn er paßt nur allzusehr in ihren positivistischen Rahmen. Den Zwiespalt zwischen der tatsächlichen Unvollständigkeit und der postulierten Vollkommenheit positiver Satzungen vermögen sie nur vermittelst eines dialektischen Kunstgriffs wegzudeuten, der am Ausgange des neunzehnten Jahrhunderts sonderbar genug anmutet: Die angeblichen Lücken der Rechtsordnung sind nur

Lücken im Wissen des Einzelnen. Man muß nur versuchen, die eigentlichen Gedanken des Gesetzgebers auszudenken. Ein Recht, auch wenn es fast nichts an geregelten Stoffen umfaßt, steht allemal in lückenloser Vollkommenheit da, weil seine innere Fruchtbarkeit und seine logische Expansivkraft jeden Augenblick den ganzen Bedarf an Rechtsurteilen deckt[13]. Es genügt, die obersten Prinzipien aufzufinden, denen der Richter sämtliche Rechtsnormen entnimmt, deren er benötigt, selbst für völlig neue Lebenserscheinungen, an die kein Gesetzgeber je gedacht hat. „Weil das Leben des Menschen kurz ist und die Rechtswissenschaft weitschichtig, deshalb ist diese Kunst erfunden worden, damit man mit Hilfe eines knappen Büchleins die Rechtswissenschaft begreifen und aus den allgemeinen Rechtsgrundsätzen gewinnen könne, und diese Kunst ist unfehlbar", lehrte schon der Scholast Raimundus Lullus[14]. Die Scholastik wird von neuem auf den Thron erhoben. Sie ist an unserem Rechtsleben in Theorie und Praxis nicht spurlos vorübergegangen, wenn auch die gesunden, in ihm wirksamen Kräfte sich als stark genug erwiesen, um ein folgerichtiges Durchdringen zu verhüten. Jahrzehntelang ist historisches Wissen in den Mittelpunkt gestellt worden. Aber vor die Frage gestellt: was nützt uns die Historie für das Leben, oder, in die Sprache des Juristen übersetzt: was trägt historisches Verständnis zur Lückenausfüllung bei, antworten dieselben, die nur geschichtliche Forschung gelten lassen: Alles Recht ist lückenlos, es gibt keinen rechtsleeren Raum, so daß für die Geschichte auch nicht die kleinste Ritze übrig bleibt, durch die hindurch sie Gehör fände. Friedrich Nietzsches Voraussage: „Beim Übermaß von Historie zerbröckelt und entartet das Leben und zuletzt auch wieder durch diese Entartung die Historie[15]" ist buchstäbliche Wahrheit geworden.

Wenn zur Zeit eine der Rechtsgeschichte feindliche Strömung mehr und mehr an Boden gewinnt, wenn sich die Rechtswissenschaft seit den letzten zehn Jahren vorwiegend der Pflege des lebenden und in der täglichen Praxis stets sich verjüngenden Rechts zuwendet, ohne von der Geschichte Notiz zu nehmen, so liegen die Gründe tiefer als nur in bequemer Oberflächlichkeit und dem praktischen Utilitarismus unserer Tage. Allseits hat sich die Überzeugung Bahn gebrochen, daß die Jurisprudenz über der einseitigen Pflege historischer Detailforschung ihre sonstigen Hilfsquellen zu sehr vernachlässigt habe[16]. Bülow hat dieser veränderten Stimmung in schärfster Weise Ausdruck gegeben, wenn er der Geschichte ihren Platz neben und nicht über den übrigen Hilfswissenschaften zuweist[17]. Und die Historiker heben den hingeworfenen Fehdehandschuh nicht auf. Die Einsichtigen unter ihnen, wir nennen vor allem

Mitteis, geben die Mißstimmung der Studierenden über das Übermaß an historischem Gedächtnisstoff, den sie aufzunehmen haben, rückhaltlos zu und erachten es an der Zeit, die Kraftanspannung in historischer Richtung auf das richtige Maß zurückzuführen[18]. Daneben aber ergeht aus einem Kreise jüngerer Historiker der Ruf nach völliger Trennung von Geschichte und Dogmatik. Sie heißen die heute vorherrschende ahistorische Richtung willkommen, weil sie der Geschichte ihren Eigenwert zurückgibt und sie der Frohndienste enthebt, die sie bisher der Dogmatik zu leisten hatte. Aus ihren Reihen lassen sich Stimmen vernehmen, welche der Geschichte jeglichen Gegenwartswert absprechen und so an den Grundfesten dessen rütteln, was bisher als unumstößliche Wahrheit gegolten hat. „Das Dogma", so erklärt einer von ihnen, „das volle Verständnis eines Rechtssatzes sei ohne Kenntnis seines Werdeganges unmöglich, ist grundfalsch und verderblich und birgt eine ständige Gefährdung der Dogmatik durch antiquierte Standpunkte[19]".

Somit gewinnt es den Anschein, als ob in Zukunft Geschichte und Dogmatik ihre eigenen Wege gehen werden, ohne daß sich die eine um die andere zu bekümmern braucht. Und doch ist dies kaum die richtige Lehre, die die verflossene Periode übermäßiger Betonung des Historischen uns gewinnen läßt. Gewiß ist es an der Zeit, uns zur Einsicht zu bekehren, daß, um mit Windelband zu reden, "nicht jedes beliebige Wirkliche eine Tatsache für die Wissenschaft ist, sondern nur das, woraus sie etwas lernen kann", daß es endlich gilt, aus dem übermäßig angehäuften Stoff das Brauchbare zu bewahren und zu bemeistern und das Nutzlose versinken zu lassen [20]. Die Beschränkung unserer Arbeitskraft bringt es mit sich, daß die geschichtliche Forschung für eine Zeitlang hinter der Erfüllung anderer, zu lange versäumter Aufgaben zurücktreten muß. Die Verbindung mit den wirtschaftlichen und sozialen Zusammenhängen ist wiederum aufzunehmen. Vor allem aber wird sich die Rechtswissenschaft über Ziele und Wege ihrer eigenen Arbeit Rechenschaft geben müssen.

Aber der Gegenbeweis, daß ein volles Verständnis des Gewordenen ohne Kenntnis seines Werdeganges zu gewinnen sei, ist nicht angetreten worden und konnte es auch nicht. Mit der Beseitigung des römischen und deutschen Privatrechts als geltender Rechte und damit, daß sich die Rechtswissenschaft der an ihre Stelle tretenden Gesetzgebung zugewandt hat, ist nur der falsche Schein zerstört worden, als ob sie bisher im wahren Sinne geschichtlich vorgegangen sei. Denn Geschichte und Dogmatik sind zuvor schon einander fremd geworden. Die bleibenden Wahrheiten der historischen Schule sind vom Historismus verdunkelt und überwuchert worden, noch ehe ihnen Zeit zum Wachstum und zu voller Entfaltung vergönnt war. Wenn nunmehr die Rechtsgeschichte für die unleugbaren, jedem Laien offen zu Tage liegenden Schäden verantwortlich erklärt werden sollte, so hieße dies, dem Historismus mit der ihm eigenen unzulänglichen Kampfesweise entgegentreten, die sich an bloß genetischer Erklärung genügen läßt und die zufälligen Begleitursachen für die Sache selbst ausgibt. Eine völlige und grundsätzliche Lossage von der Geschichte, wie sie gegenwärtig an der Tagesordnung ist, würde für die Aufgaben, die in der Zukunft unser warten, von den verhängnisvollsten Folgen begleitet sein.

Ein Anhänger jener neuen Richtung, die durch den Namen „freie Rechtsfindung" gekennzeichnet ist, hält uns das Richterideal der Constitutio Criminalis Carolina vor Augen: „Die Richter und Urteiler sollen verständige und erfahrene Personen sein [21]". Noch heute wird jeder verständige Richter bezeugen können, daß er den besten Teil seines Rüstzeugs einer reichen Lebenserfahrung verdankt. Auch werden wir unserem neuen Gesetzbuch erst dann volles Vertrauen entgegenbringen, wenn wir in ihm eine Schöpfung erkennen, die mit den Erfahrungen von Jahrhunderten arbeitet. In richtiger Würdigung der Lehren der älteren historischen Schule, daß das Recht in stetem Wandel begriffen ist und nicht in starre Paragraphen festgeschmiedet werden darf, hat sich unser Gesetzbuch eine weitgehende Zurückhaltung auferlegt. Es ist das Verdienst jener neuen Richtung, daß sie die Lückenhaftigkeit jeder, auch der vollständigsten Rechtsordnung offen anerkennt, daß sie dem Richter bedeutet: Richten ist nicht dasselbe wie Urteilen, es erschöpft sich nicht in logischer Schlußfolgerung aus gegebenen Obersätzen, der Richter soll an der Rechtsprechung nicht nur mit seinem Denken, sondern auch mit seinem Fühlen und Wollen beteiligt sein. Wenn aber einzelne ihrer Vertreter das rein gefühlsmäßige Werturteil zur letzten Instanz erheben, so werden wir ihnen nicht folgen können. Erst wenn wir den Boden des Altgewohnten und Vertrauten verlassen, werden wir die Mahnung des Begründers der historischen Rechtsschule in ihrer wahren Bedeutung verstehen lernen, daß es nicht bloß die Masse der gewonnenen Wahrheit ist, die uns in geschichtlicher Erfahrung zufällt, sondern auch jede versuchte Richtung geistiger Kräfte, alle Bestrebungen der Vorzeit, mögen sie fruchtbar oder verfehlt sein, uns zu gut kommen als Muster oder Warnung[22]. Um nur eines von vielem herauszugreifen, worin uns geschichtliche Erfahrung nützen kann, so hat unser Zivilgesetz das für weite Gebiete der Schweiz neue und an schwierigen praktischen Fragen reiche Institut der Rechte an eigener Sache nur mit wenigen kurzen Sätzen erwähnt. Unsere Richter wären übel beraten, wollten sie die Lehren, die aus der wechselreichen Zürcher und Luzerner Gerichtspraxis zu entnehmen sind, unberücksichtigt lassen. Sie werden sie vor manchen Irrwegen bewahren und ihnen bessere Dienste leisten, als die vielen, meist unzulänglichen Versuche einer erschöpfenden theoretischen Formulierung. Wenn wir somit gleich der Constitutio Carolina unsere Richter sowohl erfahrene als verständige Männer wissen möchten, so erhebt sich die kritische Frage: „Sind Verstehen und Erfahren schlechthin ein und dasselbe? Ist Verstehen nur durch Erfahren möglich? Oder muß nicht umgekehrt das Verstehen dem Erfahren vorausgehen?" Hierauf sollte schon ein Blick auf die tägliche, mühevolle Arbeit des Anwalts oder Richters die richtige Antwort geben. Um die oft ungelenke und unvollständige Geschichtserzählung, die ihm der Rechtssuchende vorbringt, nach geduldigem Zuhören und vielfachem Befragen zu formen, wird er ohne Zuhilfenahme seines metahistorischen Wissens schwerlich auskommen. Für die historische Methode aber gilt es als selbstverständliches Axiom, daß das Recht nur und ausschließlich auf geschichtlichem Wege zu erforschen sei. Nach ihr geschieht der Ausbau von unten herauf, so daß jedes einzelne Rechtsinstitut von seinen ersten Anfängen an in seinem ganzen Werdegang verfolgt werden muss. Im Banne des historischen Realismus befangen, für den die Geschichte ein Spiegelbild des Geschehenen bedeutet, wie es wirklich war, glaubt sie damit alles getan zu haben, was ein volles Verständnis erfordert. Ein Apriori des geschichtlichen Erkennens will der Historismus nicht gelten lassen; denn zeitliches und logisches Nacheinander sind für ihn ein und dasselbe [23].

Die Geschichte selbst weist uns auf den entgegengesetzten Weg. Der Einblick in die eigentliche Arbeitsweise der Geschichte ist uns in den letzten Jahrzehnten durch eine Reihe dankenswerter Untersuchungen eröffnet worden, die mit den Namen Windelbands, Rickerts und Simmels verknüpft sind. Ihr Ziel ist, die durch Kant für die Naturwissenschaften errungene Erkenntnis für die Geschichte und die ihrer logischen Struktur nach mit ihr verwandten Kulturwissenschaften verwertbar zu machen, dass eine Übereinstimmung der Vorstellungen mit ihrem Gegenstande nicht zu erreichen ist, die anschauliche Wirklichkeit vielmehr einer Umformung und Deutung bedarf durch die apriorischen Forderungen des Erkennens [24]. Diesen Umformungsprozeß vollziehen Natur- und Kulturwissenschaften auf verschiedenen, einander ergänzenden Wegen. Die Naturwissenschaften überwinden die unübersehbare Mannigfaltigkeit des Wirklichen durch Einordnung des

Besonderen unter das Allgemeine in seinem gesetzlichen Zusammenhang. Sie steigen zu stets höheren Gattungsbegriffen empor. Die Qualitäten verwandeln sich in Quantitäten, die Dinghaftigkeit weicht der Relation. Nur das Übereinstimmende in den Dingen interessiert sie. Deshalb müssen sie das Einmalige und Individuelle von sich ablösen. Die Geschichte und die Kulturwissenschaften suchen die Tatsachen der Wirklichkeit in ihrer Einmaligkeit und nie wiederkehrenden Einzigartigkeit zu begreifen. Damit wird für sie das Interesse, das sie am Einzelnen nehmen, znm Ausleseprinzip. Indem die Geschichte die Wirklichkeit auf Werte bezieht, gelingt es ihr, das Wesentliche vom Unwesentlichen auszuscheiden und durch Einordnen in den geschichtlichen Zusammenhang das Einzelne und Individuelle als solches in sich aufzunehmen.

Somit muß der Historiker ein Verständnis der geschichtlichen Werte gewinnen. Er muß als ein wertender Mensch zu den geschichtlichen Problemen Stellung genommen haben, bevor er an seine eigentliche Aufgabe herantritt. Diesem Gesetze innerer logischer Notwendigkeit kann sich auch der Chronist nicht entziehen, der nur zu erzählen gedenkt, was sich tatsächlich zugetragen hat. Er beabsichtigt etwa, die Geschichte seiner Vaterstadt zur Zeit weniger Jahre zu beschreiben. Aber die unübersehbare Mannigfaltigkeit der Geschehnisse, die sich in diesem engen, vom kleinsten Schauplatz und der kleinsten Zeitspanne begrenzten Raum zusammendrängen, läßt ihm sein Vorhaben von vornherein als unausführbar erscheinen. Ehe er sich dessen versieht, haben Interesse und vorgefaßte Meinungen die sichtende Auswahl getroffen. Und je mehr die Chronik sich zur Geschichte auswächst, desto mehr bedarf sie der Ergänzung von außen her. Denn erst dann wird die bloße Geschichtenerzählung zur Geschichte, wenn der Historiker die Geschehnisse auf bedeutsame Werte bezieht, die er als Werte zuvor erkannt und in sich selbst erlebt hat, wenn er den Tatsachen ihren Stempel aufprägt, wenngleich dem ungeschulten Auge die geschichtlichen Ereignisse für sich selbst zu sprechen scheinen. Damit der Historiker nicht gleich dem Chronisten seine subjektiven Alltagswertungen in die Geschichte hineintrage, müssen die geschichtlichen Inhalte auf normativ allgemeine oder, wie sich Rickert ausdrückt, auf soziale Kulturwerte bezogen werden. Jeder kausalen Deutung geschichtlicher Vorgänge muss somit eine Wertbestimmung vorausgehen, die als erste Aufgabe den einzelnen Kulturwissenschaften zufällt, die an die Geschichte Fragen stellen[25]. Dabei wird ihnen aber das logische Verfahren der Geschichte für die Stufenfolge, in der sich jene Wertanalyse zu vollziehen hat, wirksame Hilfsdienste leisten. Sie beginnt mit der Besinnung auf die transzendentalen Werte, die jede Art besonderer Erfahrung erst ermöglichen, das, was man Allgemeingeschichte zu benennen pflegt, mit inbegriffen. Die landläufige Annahme, daß etwa die politische Geschichte oder die Geschichte der gesellschaftlichen Zustände nur mit Begriffen operiere, die jedermann von Haus aus vertraut sind, erweist sich bei näherer Prüfung als irrtümlich. Wie Simmel aufgezeigt hat, ist jedes geschichtliche Verständnis, sofern von einem äußeren auf ein inneres Geschehen geschlossen werden soll, durch eine Reihe psychologisch-erkenntnistheoretischer Voraussetzungen bedingt. Neben die Kantischen Kategorien, die jeder Erfahrung vorausgehen, treten die speziellen, nur für gewisse Inhalte anwendbaren und die einzelnen Provinzen des Wissens verwertbaren Grundformen, ein Gegensatz, auf den gleichfalls Simmel insbesondere den Blick hingelenkt hat [26].

Im Gebiete der Rechtswissenschaft hat freilich die kritische Besinnung erst vor kurzem Wurzel zu fassen vermocht. Auch ist sie noch weit davon entfernt, sich allgemeiner Anerkennung zu erfreuen. Einen der Durchbruchspunkte bildet das vielerörterte Problem der Einheit oder, wie der juristische Kunstausdruck lautet, der Persönlichkeit menschlicher Verbände. Lange genug hat sich der juristische Dogmatismus bemüht, die höchst verschieden gestalteten, rechtlicher Beurteilung unterworfenen sozialen Gebilde als Einheiten und Vielheiten, im Sinne realer Entitäten gedacht, einander gegenüber zu stellen und ihre Grenzen nach objektiven Merkmalen zu bestimmen, umsonst; denn die Einheit, d. h. die Vereinheitlichung des Mannigfaltigen, liegt als Grundfunktion des menschlichen Bewußtseins in uns, nicht außer uns. Auf Sigwarts Einheitsbegriff fußend hat Jellinek die Verbandseinheit im Zweckzusammenhang zeitlich sukzedierender und koexistierender Individuen erkannt und durch Verwertung des Prinzips der teleologischen Einheit die scholastische in die kritische Betrachtungsweise übergeleitet [27]. Und Stammler hat gezeigt, daß es sich mit den besonderen rechtlichen Allgemeinbegriffen wie Eigentum, Vertrag, Forderung und Schuld nicht anders verhält, so vor allem nicht mit dem Rechtsbegriffe selbst, der in seiner Begrenzung gegen Moral, Sitte und Willkür nur in kritischer Erwägung, niemals auf geschichtlichem Wege zu ermitteln ist [28]. Es sind die apriorischen Formen für das besondere Erfahrungsgebiet rechtlicher Bestimmungen, die uns ermöglichen, Ordnung im unübersehbaren Gewirr sozialer Machtbeziehungen zu schaffen. Sie gehören, da selbst die primitivste Erkenntnis nur durch eine umbildende Auffassung der Wirklichkeit zustande kommt, bereits der vorwissenschaftlichen und zum Teil schon der vorrechtlichen Stufe an, wenngleich ihre abschließende begriffliche Bearbeitung immer wieder von neuem zum Problem wird. Aber irgend welche positive Satzungen einer gegebenen oder bloß gedachten Rechtsordnuug lassen sich ihnen nicht entnehmen, eben weil sie rechtliche Erfahrung erst ermöglichen. Wer etwa aus dem allgemeinen Eigentumsbegriff nur den einen zeitlos gültigen Satz ableiten wollte, daß der Eigentümer schlechthin befugt sei, das Betreten seines Besitzes zu verbieten, mag sich aus dem alter Überlieferung entstammenden Rechtssatze unseres Zivilgesetzbuches eines besseren belehren lassen, der Wald und Weide jedermann offen hält, ohne damit den Eigentümer zu entrechten[29].

Aus demselben Grunde ist mit Klarlegung der rechtlichen Allgemeinbegriffe ein abschließendes Verständnis nicht gewonnen, eben weil sie nur die Bedingungen gegenständlicher Erkenntnis, nicht diese selbst enthalten. Es erwächst die weitere Aufgabe, den empirisch gegebenen Stoff positiver Rechtsordnungen mit ihrer Hilfe zu verarbeiten und in den Begriff eingehen zu lassen. Damit betreten wir dem Anscheine nach die Stelle, an der die Geschichte in ihre Rechte einzusetzen ist. Wenn das heutige Eigentum anders ist als das römische, das stark ausgeprägte Eigentum des französischen Code civil anders als das unsrige, so scheint es, haben wir den Ursachen nachzugehen, weshalb es hier so und dort anders gekommen ist. Dies würde indes voraussetzen, daß wir im Sinne der naturwissenschaftlichen Methode nach allgemeinen Gesetzen der sozialen Entwicklung zu forschen hätten; denn nur soweit sich die Verknüpfung nach der Kategorie von Ursache und Wirkung unter allgemeine Gesetze unterordnen läßt, vermag sie für sich allein schon eine inhaltliche Bereicherung unserer Erkenntnisse zu vermitteln. Gerade weil indes soziale Vorgänge geschichtlich, d. h. im letzten Grunde auf schöpferische Tat freier Individuen zurückzuführen sind, wird dieser Weg nicht zum Ziele führen. Die geschichtliche Betrachtung zeigt zunächst nur die zufällige äußere Veranlassung auf, ohne uns ein gegenständliches Verständnis zu eröffnen. So wenig die Entstehung des Rechts Einblick in sein Wesen gewährt, so wenig gibt das erste Auftreten eines besonderen Rechtsinstituts Aufschluß über seinen Inhalt und seine Bedeutung. Die heute so beliebten Untersuchungen dieser Art, wie z. B. ob der heutige Wechsel jüdischen oder arabischen Ursprungs sei, bleiben müßige Spielerei, solange nicht ihre Ergebnisse einem allgemeineren Zusammenhange eingeordnet werden, der auf anderem als auf geschichtlichem Wege herzustellen ist. Gerade das richtig verstandene Verfahren der Geschichte, das für die übrigen Kulturwissenschaften vorbildlich ist, zeigt vielmehr, daß auch auf dieser zweiten Stufe die Geschichte an das Ende, nicht an den Anfang gehört.

Die Rechtswissenschaft pflegt sich Inhalt und Tragweite rechtlicher Bestimmungen dadurch zu veranschaulichen, daß sie den Blick auf ihre Wirkungen richtet und darzustellen versucht, was dem Rechtsunterworfenen durch sie zuteil wird. Sie gelangt auf diesem Wege zu einem System subjektiver Berechtigungen und glaubt damit ein Teilgebiet der Wirklichkeit abgegrenzt zu haben. Gegenstand rechtlicher Ordnung ist indes das soziale Leben in seiner Gesamtheit und untrennbaren Einheit. Nur dadurch, daß der Jurist, der Nationalökonom oder Techniker sich um einander nicht bekümmern, entsteht der täuschende Schein, als ob das soziale Dasein in seiner objektiv gegebenen Wirklichkeit sich in rechtliche, volkswirtschaftliche oder technische Bestandteile auseinanderlösen lasse[30]. Zur extensiven gesellt sich die intensive Mannigfaltigkeit und Unübersehbarkeit der vom Rechte beherrschten sozialen Gebilde. In jedem einzelnen Verkehrsgeschäfte des täglichen Lebens tritt uns eine Unzahl komplizierter Relationen entgegen, die sich nicht im Bilde festhalten lassen[31]. Vielmehr ist eine umbildende Auswahl zu treffen. Und da es zeitlos gültiges, für alle Zeiten und Völker passendes Recht im Sinne der naturrechtlichen Denkweise nicht gibt, muß jede Rechtsordnung als historisches Individuum in ihrer Einzigartigkeit und nie wiederkehrenden Besonderheit begriffen werden. Die Rechtswissenschaft hat somit die Arbeitsweise der Geschichte zur Richtschnur zu wählen. Sie hat den Vereinfachungsprozeß in der Weise vorzunehmen, daß ihr das Individuelle und Besondere nicht verloren geht. Dies geschieht wiederum, indem durch Beziehung auf Werte das Wesentliche vom Unwesentlichen, das rechtlich Relevante vom rechtlich Bedeutungslosen ausgeschieden wird. Das Recht trägt indes seinen Wert nicht in sich selbst. Es findet ihn vor in den Bedürfnissen und Interessen, deren Verwirklichung und Schutz ihm obliegt. Auf sie ist zurückzugehen, um rechtliche Satzungen in ihrem wahren Sinne zu verstehen. Da auch sie dem Wechsel unterworfen sind, da spätere Entwicklungsstufen sich auf den früheren aufbauen, glaubte man, die Gegenwart nur aus der Vergangenheit verstehen zu können, während doch gerade der unausgesetzte Wandel der sozialen Lebensformen den entgegengesetzten Schluß nahelegen sollte. Denn das Verstehen verlangt nach einem festen Halt, den ihm die tatsächliche Wirklichkeit in ihrem nie rastenden Fluß nicht gewähren kann. Soll der Zusammenhang von Recht und Wirtschaft in seiner rein sachlichen Eigenart begriffen werden, so müssen beide als in sich selbst ruhende, von zeitlichen Bestimmungen freie Inhalte einander gegenübergestellt werden. Um sich einen Entwicklungsgang gegenständlich zu machen, muß der Historiker gleichsam eine Reihe von Momentbildern aufnehmen. Er muß den geschichtlichen Verlauf in einzelne in Wirklichkeit nicht gegebene Perioden zergliedern und jede von ihnen zuvor systematisch bearbeiten [32]. Zudem will jener Zusammenhang nicht nur verstandesgemäß erkannt, sondern innerlich anempfunden sein, so daß nur derjenige aus der Geschichte Nutzen ziehen wird, der von dem Rechte der Gegenwart eine lebendige Anschauung gewonnen hat. Daß die Vergangenheit so gut von der Gegenwart aus Licht empfängt, wie umgekehrt das Verständnis der Gegenwart durch die Geschichte vervollständigt wird, ist von methodisch geschulten Historikern wie Bernheim und Eduard Meyer rückhaltlos anerkannt worden [33].

Daher hat sich die Rechtswissenschaft in Erfüllung ihrer wichtigsten praktischen Aufgabe, der Lückenausfüllung, vor falschen, angeblich historischen Methoden, die auch heute noch eine nie versiegende Fehlerquelle bilden, zu hüten. Sie hat vielmehr den Weg einzuschlagen, den ihr Gustav Hartmann vorgezeichnet hat, dem niemand Mangel an historischem Verständnis vorwerfen wird, aus den nie ausreichenden positiven Rechtssätzen den inneren Zweck und die Idee des Ganzen zu erschliessen, um aus der erkannten Idee die fehlenden Bestimmungen zu ergänzen. „Die Rechtsforschung", warnt Hartmann, auch hierin Leibniz zum Führer wählend, „kann sich bei der äußeren Geschichte der Entstehung formeller Willenssatzungen nicht beruhigen. Anstatt historischer Begründung ist auf die materielle Grundlage einzugehen auf die Darlegung des praktischen Zweckmoments[84]."

So soll der Richter Lücken der geltenden Gesetzgebung nicht kritiklos aus einem früheren oder einem ihm zugrunde liegenden gemeinen Rechte ergänzen. Gewiß sollen die Erfahrungen der Vorzeit nicht in den Wind geschlagen werden. Dies will jedoch nicht besagen, daß eine Regel, die früher gegolten, aber unter dem unmerklichen Wandel der sozialen Erscheinungen ihre innere Rechtfertigung vielleicht längst eingebüßt hat, unbesehen herübergenommen wird. Ebenso verwerflich ist es, wenn der Richter einem Rechtssatz ohne weiteres den Sinn beilegt, der ihm in seinem geschichtlichen Vorbilde vielleicht in ganz anderem Zusammenhange zugekommen ist.

Noch verbreiteter ist der naheliegende und deshalb, wie es scheint, unausrottbare Trugschluß, daß der Zweck eines Gesetzes mit bewußter Zwecksetzung gleichbedeutend sei. Die Aufgabe richterlicher Tätigkeit ist, so scheint es, die Absichten des Gesetzgebers aufzudecken und das Gesetz in dem Sinne auszulegen, den ihm der Gesetzgeber beilegen wollte. Das heutige, bei Erlaß von Gesetzen übliche Verfahren leistet dieser Auffassung durch Veröffentlichung von Materialien und Motiven nur allzu willfährig Vorschub. Nicht immer aber tritt der Sinn, der mit einem Gesetzestexte zu verbinden ist, als bewußte Absicht in die Erscheinung. So gut wie ein und derselbe Rechtssatz verschiedenen Zwecken dienstbar sein kann, vermögen sich die rechtlichen Bestimmungen veränderten Verhältnissen anzuschmiegen, ohne daß es eines Eingreifens des Gesetzgebers bedarf[35]. Wenn wir z. B. nach dem Grunde fragen, weshalb die kontinentalen Lnder das Vermögen der Frau mit der Heirat in die Verwaltung des Mannes übergehen lassen, so führt die genetische Erklärung auf die vormalige eheherrliche Vormundschaft zurück. Sie mag noch für die Gesetzgebungen aus dem Anfang und der Mitte des vorigen Jahrhunderts zutreffen. Mit Aufhebung der Geschlechtsvormundschaft hat sich jedoch die eheliche Vormundschaft derartig verflüchtigt, daß nur noch spärliche Residuen davon übrig geblieben sind. Scheinbar mit Recht fordern die Anhänger der Frauenemanzipation Anerkennung des in England und Amerika geltenden Güterrechts, welches der Ehefrau die freie Verfügung über ihr Vermögen beläßt. Indes hat jener Satz der kontinentalen Länder infolge des Sieges der kapitalistischen Wirtschaftsweise eine neue Stütze erhalten. Denn das Bestehen im wirtschaftlichen Konkurrenzkampf erfordert gebieterisch die Vereinigung des ehelichen Vermögens in einer Hand, soweit es als Unternehmungsfonds gewinnbringend eingesetzt werden soll[36]. In der Regel pflegt sich auch der Gesetzgeber über solche Zweckwandlungen keine Rechenschaft zu geben, indem er bestehende Institutionen unbesehen herübernimmt. Aber auch wo sie fehlen, lernen wir aus den Absichten des Gesetzgebers nur die äußere Veranlassung kennen, die Gründe, die ihn bewogen haben, dem einen Rechtssatze vor anderen den Vorzug zu geben, nicht aber seine sachlich eigene Bedeutung, die auch dem Gesetzgeber in ihrem vollen Umfange meist verborgen bleibt[37].

Gerade die Methode der Geschichte läßt erkennen, daß das Zweckmoment nicht in falschem Sinne geschichtlich, d. h. psychogenetisch, zu begreifen ist, daß die Erklärung aus Zweckzusammenhängen eine andere viel weitergehende Bedeutung gewinnt. Wenn der Historiker die geschichtlichen Ereignisse auf Werte oder Zwecke bezieht, so will das nicht besagen, daß er sie aus bewußten Zweckvorstellungen handelnder Personen ableitet[38]. Vielmehr untersucht er von seinem Standpunkt aus, wie sie dazu beigetragen haben, bestimmte, vom Historiker als solche gedachte Ziele zu verwirklichen. Die Gruppierung nach Zwecken gibt ihm das Mittel an die Hand, das Unwesentliche auszuscheiden, den ungesichteten Stoff zu gliedern und einem allgemeinen Zusammenhange einzuordnen. Die geschichtlichen Vorgänge werden zu Teilen und Stadien eines Entwicklungsprozesses, die sich in der Richtung auf ein gemeinsames Ziel hin gegenseitig bedingen und beeinflussen[39].

Es ist derselbe Gedanke, auf das juristische Gebiet übertragen, wenn Ihering die Rechtswissenschaft auffordert, der funktionellen Seite des Rechts mehr Beachtung zu schenken[40], oder wenn neuerdings Degenkolb[41] eindringlich betont, die einseitige Betrachtung einzelner Vorgänge und Situationen reiche nicht aus, um ein wahres Verständnis der Rechtsverhältnisse zu ermöglichen. „Ihr innerer Zusammenhang ist der funktionelle Zweckzusammenhang ihrer Elemente". Indem wir in den rechtlichen Institutionen die gestaltenden Zwecke aufsuchen, lösen sich die Teile, aus denen sie bestehen, aus ihrer Vereinzelung. Wir lernen sie erkennen, wie sie ineinander greifen und sich gegenseitig bedingen. Und je reicher die rechtlichen Gebilde ausgestaltet sind, desto mehr versagt die übliche atomisierende Betrachtungsweise. So werden wir in die komplizierte Struktur der modernen Unternehmungsformen, wie der Aktiengesellschaft oder Genossenschaft, erst dann Einblick gewinnen, wenn uns ihre Morphologie verständlich geworden ist, wenn wir uns vergegenwärtigen, wie etwa die Haftung für Schulden abhängig ist von der Zahl der Mitglieder, ihrem größeren oder geringeren Einfluß auf die Geschäftsleitung, wie jene wiederum die Freiheit oder Gebundenheit des Gesellschaftsvermögens und die Anpassung an die veränderten Konjunkturen bedingt.

Nur auf diesem Wege gelingt es der dogmatischen Vorarbeit, ihren Stoff so zu formen, daß sie aus den Erfahrungen der Vergangenheit Nutzen zu ziehen vermag. Umgekehrt stellt erst die Geschichte den vollen Abschluß dar. Sie erhebt die Erscheinungen des Rechtslebens zu historischen Individuen und die Vorgänge, die sich in ihnen abspielen, zu Stadien eines historischen Prozesses. Wenn Ihering den Vorwurf erhebt, die Rechtswissenschaft habe sich daran gewöhnt, das Recht zu sehr von Seiten seiner anatomischen Struktur zu betrachten, so war es ihm vor allem darum zu tun, die geschichtliche Forschung, so wie er sie vorfand, als ein nach Zeit und Inhalt geordnetes Geschehen, in Geschichte im wahren Sinne des Wortes umzugestalten.

Trotzdem bleibt jene funktionelle Seite des Rechts immer noch über Gebühr vernachlässigt. Am weitesten hat sich von ihr jene Richtung entfernt, unter deren Einwirkungen wir heute noch stehen und die sich die Bezeichnung „historisch" in vorzugsweisem Sinne beilegt. Über die Schranken der Fachwissenschaft nicht hinausblickend und von der Fülle des Stofflichen überwältigt, hat sie es versäumt, über ihr eigenes Tun und die ihr konforme Arbeitsweise ins klare zu kommen. Wenn daher die Rechtswissenschaft in Erfüllung der Aufgaben, die ihr die Gegenwart stellt, das Verfahren der Geschichte zur Richtschnur wählt, wenn sie sich bemüht, die Vergangenheit zu bemeistern, statt sich unter ihr Joch zu beugen, so würde ihr der Begründer der historischen Rechtsschule nicht zürnen, trägt sie doch zu ihrem Teile dazu bei, das reiche Material, das historischer Sammelfleiß zusammengetragen hat, in nutzbares Kapital umzuwandeln.

Anmerkungen.

Vorbemerkung. Beim Versuche, wissenschaftliche Strömungen, die sich über ein Jahrhundert hin erstrecken und nicht auf ein einzelnes Wissensgebiet beschränkt bleiben, im engen Rahmen eines einstündigen Vortrages darzustellen, sind Mißverständnisse unvermeidlich. Um wenigstens den gröbsten vorzubeugen, sei bemerkt, daß der in der ersten Hälfte aufgenommene Vorwurf übermäßiger Betonung der Geschichte und Vernachlässigung anderer Hilfsquellen sich vorzugsweise gegen die Wissenschaft des Privatrechts richtet. Über die übrigen Gebiete maße ich mir als Zivilist kein Urteil an. Dagegen ist der Gegensatz von historischer und kritischer Methode als solcher universeller Natur, obwohl die Bezeichnung „historisch", auch im rein methodologischen Sinne verstanden, nichts weniger als eindeutig ist. Allen Schattierungen dieses gerecht zu werden, mußte ich mir gleichfalls versagen. Ein weiteres der Kürze dargebrachtes Opfer liegt darin, daß die Kritik notwendigerweise die als solche bekundeten, nicht die tatsächlich geübten Methoden zum Gegenstand nehmen mußte, obwohl beides verschiedene Dinge sind und je verkehrter jene, desto mehr die tatsächliche Übung ein wirksames Korrektiv zu gewähren pflegt. Eduard Meyers Worte: „irrige methodologische Ansichten bedingen nicht notwendig eine falsche wissenschaftliche Praxis, sondern beweisen zunächst nur, daß der Historiker seine eigenen Arbeitsmaximen irrtümlich formuliert", gelten für die Rechtswissenschaft so gut wie für die Geschichte. Damit möchte ich mich dagegen verwahren, denen beigezählt zu werden, die die moderne Zivilistik in Bausch und

Bogen als „scholastisch", „doktrinär" usw. verurteilen oder den Nutzen historischer Studien für das dogmatische Verständnis leugnen.

1. Merkel, Über den Begriff der Entwicklung in seiner Anwendung auf Recht und Gesellschaft, Z. f. Privat- u. öffentl. Recht 3, S. 625 ff.; v. Below in Sybels hist. Zeitschr. 81, S. 199.
2. I. Bekker, Über den Streit der historischen und philosophischen Rechtsschule, 1886; Bergbohm, Jurisprudenz und Rechtsphilosophie, S. 66,
3. System des heutigen römischen Rechts I, S. XIII.
4. „Romanisten und Germanisten" (1882), S. 3.
5. Betr. das Verkehrte der heutigen Unterrichtsmethode vgl. insbesondere Stammler, Über die Methode der geschichtlichen Rechtsschule, Festgabe f. Windscheid, 1888, S. 53; s. a. Mitteis in der österr. Rundschau I, S. 131 ff.; schon Leibniz warnt vor einer Unterrichtsmethode, welche die Ordnung des Entstehens zugrunde legt: „Bei etwas mehr Reife und bei befestigtem Urteil lernt sich nachher der Ursprung leicht und geschwind." G. Hartmann, Leibniz als Jurist und Rechtsphilosoph, S. 24.
6. Damit hängt auch die Verachtung legislatorischer Probleme zusammen. S. M. Rümelin, Bernhard Windscheid, 1907, S. 20.
7. Über den Mangel an philosophischem Interesse siehe Stammler a. a. O., S. 10; Bülow, Heitere und ernste Betrachtungen, 1901, S. 58; s. a. Bergbohm a. a. O., S. 3 ff.; Merkel, ges. Abh. I, S. 291. Die Rechtsphilosophie erhält die bescheidene Rolle einer „Philosophie des positiven Rechts", d. h. einer allgemeinen Rechtslehre, zugewiesen. Bergbohm, S. 25 ff.; vgl. Lask in der „Philosophie im Beginn des 20. Jahrhunderts" II (1905), S. 2: „Wer es heute noch wagt, von der Rechtsphilosophie die Ergründung einer obersten Bedeutung des Rechts und seiner Beziehungen zu anderen unbedingten Werten zu verlangen, der verfällt von vornherein dem so schweren Verdacht naturrechtlicher Ketzerei."
8. Anzeichen hierfür sind u. a. die einseitige Betonung des

Willensmoments in der Bewertung von Wille und Erklärung oder die formalistische Behandlungsweise der Lehre vom abstrakten Versprechen. Vgl. Rümelin a. a. O., S. 32.

9. Jurisprudenz und Rechtsphilosophie I, 1892.

10. Franken a. a. O., S. 28 ff.; Bergbohm, passim, insbesondere S. 93, 115 ff., 140 ff., 229, 321, 343 ff., 366, 439. Vgl. Stammler a. a. O.; Hartmann, Leibniz, S. 101 ff.; Kohler, Lehrb. d. bürgerl. Rechts I (1904), S. 5. Über den Historismus als Weltanschauung s. G. Simmel, Probleme der Geschichtsphilosophie, 3. Aufl., 1907, Vorrede; H. Rickert, Geschichtsphilosophie in der „Philosophie im Beginn des 20. Jahrhunderts" II, S. 117 ff.; Lask a. a. O., S. 10 ff.; E. Tröltsch, Religionsphilosophie, ebendaselbst I, S. 141 ff.

11. S. Radbruch im Archiv für Sozialwissenschaft 22, S. 357 ff.

12. Über Naturrecht im formellen und materiellen Sinne und deren Vermengung bei den Vertretern der historischen Richtung s. Stammler, Wirtschaft und Recht, 2. Aufl. 1906, S. 165 ff.; Lask a. a. O., S. 2 ff.

13. Bergbohm a. a. O., S. 373 ff, insbes. S. 387. Weitere Vertreter der Lehre von der Lückenlosigkeit des Rechts siehe bei Zitelmann, Die Lücken im Recht, 1903, Anm. 5/I. Betr. die Unvereinbarkeit des Entwicklungsbegriffs mit der logischen Geschlossenheit s. Jung, „Die logische Geschlossenheit des Rechts", 1900, S. 154. Die Bezeichnung „Historische Methode" deutet somit auf zwei einander widersprechende Verfahrensweisen hin, auf der einen Seite die ausschließlich historische Begründung des Gewordenen, die bei den Anfängen zu beginnen hat, andererseits die rein systematische Entfaltung jedes positiven Rechts als eines in sich abgeschlossenen Ganzen aus gegebenen Obersätzen. Über erstere vgl. O. Gierke, Die historische Rechtsschule und die Germanisten, 1903, S. 7: „Als selbstverständlich gilt uns, daß das wissenschaftliche Verständnis jedes Rechts nur aus seiner Geschichte erschlossen werden kann."

14. S. Kaufmann, Die Geschichte der deutschen Universitäten I, S. 20, Anm. 1. Vgl. a. Radbruch a. a. O., S. 366: „Mit der scholastischen herrschenden Ansicht, die durch lediglich intellektuelle unschöpferische Operationen aus dem unklaren,

widerspruchsvollen, lückenhaften, das vollkommene Rechtssystem hervorgehen läßt, steht die Rechtswissenschaft heute allein. Früher durfte sie sich der Gesellschaft der protestantischen Theologie rühmen."

15. Unzeitgemäße Betrachtungen (Leipzig, Naumann, 1904), S. 118.

16. Die Klagen über die Rückständigkeit und Impopularität der Rechtswissenschaft sowie über den Mangel einer zielbewußten Methode ertönen aus den verschiedensten Lagern. S. Bekker a. a. O., S. 18; Stammler. Methode, S. 59; Bergbohm, S. 7 ff.; Zitelmann, Die Gefahren des bürgerlichen Gesetzbuchs, 1890, S. 26; Bülow a. a. O., S. 59; Menger, Über die sozialen Aufgaben der Rechtswissenschaft, 1905; E. Fuchs, Die Gemeinschädlichkeit der konstruktiven Jurisprudenz, 1909; Jellinek, Das Recht des modernen Staates, 2. Aufl., 1905, S. 24 ff.; Manigk, Willenserklärung und Willensgeschäft, 1907, S. 8 ff.; Brodmann, Dogm. Jahrb. 55, S. 277 f.

17. A. a. O., S. 61 ff.

18. A. a. O., S. 126.

19. Kantorowicz, Probleme der Strafrechtsvergleichung, i. Mschr., krim. Psych. 4, S. 104; „Der neue Plan für das juristische Studium in Preußen", von Ignotus, 1902, S. 9. Vgl. a. v. Möller, Die Trennung der deutschen und der römischen Rechtsgeschichte (1905) und die Übersicht über die zurzeit vorherrschenden Richtungen bei O. Fischer, Ziele und Methode des rechtsgeschichtlichen Unterrichts, Dogm. Jahrb. 54, S. 303 ff.

20. „Geschichte und Naturwissenschaft", S. 20. S. a. die beherzigenswerte Rede G. Rümelins des Älteren „Über die Arbeitsteilung in der Wissenschaft", 1877; Reden und Aufsätze, n. F., S. 89 ff.

21. Radbruch a. a. O., S. 358.

22. Savigny, System I, S. IX.

23. S. Anm. 13 am Ende; Simmel a. a. O., S. III; Stammler i. Kultur der Gegenwart II/VIII, S. 500 ff.

24. W. Windelband, Geschichte und Naturwissenschaft, 1894; Über die gegenwärtige Lage und Aufgabe der Philosophie, Präludien, 3. Aufl., 1907, S. 13 ff.; H. Rickert, Die Grenzen der naturwissenschaftlichen Begriffsbildung, 1902; Geschichts-

philosophie, S. 51 ff.; Lask a. a. O., S. 3 ff.; Simmel
a. a. O.; Kant, 1905, S. 24 ff.; M. Weber, Kritische Studien
auf dem Gebiete der kulturwissenschaftlichen Logik, Arch. f.
Sozialw, 22, S. 143 ff.; Medicus, Kant und Ranke, Kantstudien
8, S. 129 ff.; Baensch, Über historische Kausalität, Kantstudien 13, S. 18 ff.; Jellinek a. a. O., S. 24 ff., 41 ff.; Staffel,
Dogm. Jahrb. 50, S. 316 ff.
25. Rickert, Grenzen, S. 357 ff., 389 ff., 571 ff., Geschichtsphilosophie, S. 83; M. Weber a. a. O., S. 171 ff.; Simmel,
Probleme, S. 28; Tröltsch a. a. O., S. 142 ff.
26. A. a. O., S. 6 ff.; derselbe, Soziologie, 1908, S. 27 ff.
27. System der subjektiven öffentlichen Rechte, 2. Aufl.,
1905, S. 12 ff.; Sigwart, Logik II (3. Aufl. 1904), § 66, 72, 78;
Windelband, Vom System der Kategorien, i. d. Sigwart-Festschr., S. 43 ff; Simmel a. a. O., S. 88 ff.; Hölder. Über
natürliche und juristische Personen, 1906, S. 42 ff., 55 ff.;
Stammler, Unbestimmtheit des Rechtssubjekts, 1907, S. 35 ff.
Beruht die Verbandseinheit im letzten Grunde auf gemeinsamer
Zweckverfolgung, so können beliebig geartete Personenverbindungen mit demselben Rechte sowohl unter Relationsbegriffe
(Gemeinschaft, Gesellschaft), als unter Substanzbegriffe (Korporation, Gesamtperson) subsumiert werden, ohne daß nach objektiven Kriterien zu fragen ist und mehr als bloße Zweckmäßigkeitserwägungen für die Wahl einer dieser beiden Denkformen den
Ausschlag geben. S. Sigwart § 78, Nr. 13. Andererseits geht
Binder (das Problem der juristischen Persönlichkeit, 1907,
§ 6 und 7) zu weit, wenn er die „Korporation" schlechthin mit
der „Gesamthand" identifiziert. Subjektive Rechte, d. h. Beziehungen, setzen einen Beziehungspunkt voraus. Somit kann
das Rechtssubjekt nicht selbst wiederum als Relation, sondern
nur als „Ding" gedacht werden, dem aber nur „im erkenntnistheoretischen, nicht im metaphysischen Sinn Realität zukommt".
S. Simmel a. a. O. Doch kommt Binder das Verdienst zu,
nachdrücklich betont zu haben, daß die angeblichen Unterscheidungsmerkmale wie beschränkte Haftung, Organstellung,
Deliktsfähigkeit usw. auf praktische gesetzgeberische Motive
zurückzuführen und nicht im Sinne der herrschenden Lehre
nach scholastischer Manier einem gerade mit Rücksicht auf

jene Merkmale gewählten Oberbegriffe zu entnehmen sind. S. Binder a. a. O., S. 116 ff. S. übrigens auch G. Rümelin, Methodisches über juristische Personen, 1891, S. 3; Zweckvermögen und Genossenschaft, 1892, S. 47 ff.; Leonhard, Der allgemeine Teil des BGB., 1900, S. 101. Auch darf man sich nicht durch das beliebte Argument täuschen lassen, daß der Gesetzgeber juristische Persönlichkeit verleihe, die Wissenschaft somit an dessen Machtwort gebunden sei. Mit begrifflichen Formulierungs- und Subsumptionsfragen — und um etwas anderes handelt es sich z. B. bei der Frage, ob die Aktiengesellschaft Gesellschaft oder juristische Person sei, nicht —, hat bekanntlich der Gesetzgeber nichts zu tun. S. neuerdings treffend Manigk, S. 10 ff. Wenn der Gesetzgeber einem Verbande Rechtsfähigkeit beilegt, so will er damit nur die Rechtssätze auf ihn zur Anwendung bringen, die er mit dem Begriffe der Persönlichkeit verbindet und ohne daß wir an seine Vorstellung gebunden wären. S. Rümelin, Methodisches, S. 71.

28. Kultur der Gegenwart, S. 1 ff., 497 ff., Unbestimmtheit des Rechtssubjekts, S. 21 ff.; Lask a. a. O., S. 27 ff. S. auch Tröltsch a. a. O., S. 142: „Es ist unmöglich, Religionsgeschichte zu treiben, ohne eine klare Vorstellung von dem zu besitzen, was Religion wirklich ist; das aber kann man nicht sagen, ohne in psychologische, erkenntnistheoretische . . . Forschungen einzutreten." Für den juristischen Dogmatismus sind die Begriffe auf der einen Seite Urquell alles positiven Rechts, dessen Lückenlosigkeit und Harmonie verbürgend. Andererseits sind sie nur Abstraktionen aus Rechtssätzen und werden sie auf rein empirischem Wege gewonnen; a priori aufgestellte Kategorien bestehen nur für den, der „in natur- oder vernunftrechtlicher Doktrin verstrickt ist". Bergbohm, S. 64 ff. Bergbohm selbst gibt indes (S. 79 Anm.) zu, „durchaus nicht dem vitiosen Zirkelschluß zu entschlüpfen", wonach der zu abstrahierende Begriff bereits an die Dinge herangebracht wird. Betr. die Frage, ob sich a priori bestimmte Richtlinien eines künftigen seinsollenden Rechts aufstellen lassen, s. einerseits Stammler, Die Lehre von dem richtigen Rechte, 1902, anderseits Staffel a. a. O.; Jung, Positives Recht, 1907, S. 16,

Anm. 1. In diesem Zusammenhange kommt es nur auf die Kategorien des „technisch geformten" Rechts an.

29. Schweiz. ZGB., Art. 699.
30. S. Brodmann, Vom Wesen und Begriff des Rechts, Dogm. Jahrb. 55, S. 307 ff.
31. S. Jellinek, Recht d. mod. Staates, S. 30.
32. S. insbes. Simmel, Probleme, S. 28, Anm. 1.
33. Bernheim, Lehrbuch der historischen Methode, 3. Aufl., 1903, S. 11; E. Meyer, Zur Theorie und Methodik der Geschichte, 1902, S. 40 ff. S. a. Mitteis a. a. O., S. 132.
34. Leibniz; S. 25, 81; Der Gedanke des Zwecks, akademische Antrittsrede, 1877; S. 34.
35. S. hierüber treffend Jellinek a. a. O., S. 43 ff.; Kohler a. a. O., § 38.
36. S. meine Abh. in Zeitschr. f. schweiz. Recht, n. F. 18, S. 326 ff. Gegen die Ableitung aus der ehelichen Munt. s. a. Dernburg, Bürgerl. Recht IV, 2. Aufl., 1903, S. 123.
37. G. Hartmann, Gedanke des Zwecks, S. 29; Degenkolb, Gustav Hartmann, ziv. Arch. 81, S. IX.
38. S. insbes. Rickert, Grenzen, S. 375 ff.; Medicus a. a. O. S. 171 ff.
39. Rickert a. a. O., S. 392 ff., 437 ff.
40. Geist d. röm. Rechts, § 4.
41. Ziv. Arch. 103, S. 395 ff.

Printed by Libri Plureos GmbH
in Hamburg, Germany